황홀한 여정

A Fascinating Journey

정찬우 한 · 영 대역시집
Poems of Chan Woo Chung A New Collection

황홀한 여정
A Fascinating Journey

시 | 정찬우 Written by Chan Woo Chung
번역 | 최홍규 Translated by Hongkyu A. Choe, Ph.D

밀레

국립중앙도서관 출판예정도서목록(CIP)

황홀한 여정 = A fascinating journey : 정찬우 시집 / 지은
이: 정찬우. — 서울 : 밀레, 2018
p. ; cm

한영대역본임
ISBN 978-89-97815-23-4 03800 : ₩13000

한국 현대시[韓國現代詩]

811.7-KDC6
895.715-DDC23 CIP2018036539

서문

세월의 질량만큼 두렵고
이름 값 만큼의 책임과 의무 또한 무거워 진다

시대를 넘고 세기를 넘는
시(詩)를 쓰자던 욕망
반도의 문화를 세계에 널리 알렸으나
그 또한 허무라는 걸 알기에 가슴이 아프다

그러나 어찌하랴
뜻있는 자의 길이 그것뿐인걸

오직 바램이란
잔잔한 울림이 여울처럼 흐르고 넘쳐
대지를 물들게 하고
진정한 단 한 사람만의 진실한 독자를 갖고 싶다는 걸

우면산 기슭에서
의석 정찬우

Preface

I am afraid of the quantity time and tide
The weight of responsibility and duty is heavy
Pertaining to the value of name as a poet

Crossing over ages and centuries
I have had the desire to write poems
I have made my best endeavors to
Inform to the world
The culture and literature of the Korea Peninsula
But I feel heartache because of vanity

It is unavoidale
That is only the way for the man of will

There is only one wish
The calm reverberation overflows like a swift current
That might wet the earth
And I wish to have an ingenuous reader

November 2018
At the foot of Mt Woomyun
Euisuk Chan-Woo Chung

목차

목차

목차

| 제3부 | The Wall of Compunction

목차

| 제4부 | 바람이어라

| 제5부 | 그리움이 있다는 건

| 제6부 | 삶의 이율배반

| 해설 |

꽃등에 실려 몽환의 청춘을 지샌다
억겁의 세월 뒤흔들어
오색 꽃잎으로 날아든
내 영혼의 하얀 미소

초록 바람에 낮을 붉혀
한 잎 두 잎 휘날리는
그대여

꽃 등불 밝혀든 거리를 따라
너를 안고 춤추며 즐기던
황홀한 여정

제1부

그대만의 세월 Time and Tide of Yours

사랑이란

사랑이란
오묘함의 절규가 아니더냐

오색찬란한 무지갯빛 아름다움인지
라일락 향으로 번지는 꿈의 동산인지
무색무미의 심연의 약수인지
알 수 없으나

별들의 속삭임으로 다가와
무언(無言)의 설레임만 남긴 채 돌아선
가슴앓이가 아니던가

기쁨도 슬픔도
색깔과 의미는 다르지만
사랑은
아름다움의 오묘한
영혼의 절규가 아니더냐

What Is Love

What is Love?
It's an abstruse shriek

It is the beauty of resplendent
Rainbow colors
The mound of dream is
Full of lilac fragrance
Or the mineral water of deep river
It's doubtful that the water
Is colorless and vapid

Love comes to the whispers of stars
You remain silent palpitation
You turns back
It is a sort of heartache

The meaning of delight and sorrow
Whose colors are different
Is love the abstruseness of
Beautiful and profound soul.

사랑

사랑,
너를 만나는 날은
노을빛으로 타오른 가슴
심연의 강에 반짝이는 햇볕이여

사랑,
혼자가 아닌
둘이서 만이 이룰 수 있는
빛과 그림자의 존재여

사랑은
남 몰래 흐르는 울림
설레임이고 떨림이며
고독과 황홀의 공존함이여

사랑은,
밝고 어둠처럼
꽃피고 지는 자연의 섭리 따라
인연으로만 존재한 영혼이여

Love

Love
The day when I meet you
My heart burns in the twilight
Sunlight glitters in the deep river

Love
Not one person but two persons
Could achieve love
It's the existence of light and shadow

Love
It's hidden reverberation
Palpitation, throbbing
And coexistence of solitude and rapture

Love
Like light and darkness
Along with the providence of nature
Of blooming and withering
It's the soul of only affinity.

사랑은

사랑은
미로의 여행

가뭄속의 단비로 왔다
갈증만 남긴 채
떠나버린 바람

사랑은
가슴 설레이는 환희
상큼한 햇볕으로 왔다
우르르 천둥번개로
땅을 꺼지게 하는 비련(悲戀)

그러면서도
목말라 헤매며
혈(血)을 용해해내는
뜨거운 용광로

Love is the Journey of a Maze

Love is
The journey of a maze

Love is a welcome rain
During the dry season
It remains only thirsty
The wind has gone

Love is palpitating delight
It come as refreshing sunbeams
As if thunder and lightning make the ground sink
And so it might be tragic love

In spite of that situation
Sometimes love wanders thirsty
It's a sort of a blast furnace
That smelts the blood of love.

단 하나만의 사랑

세상 살아가면서
누군가를 연모(戀慕)한다는 건
참으로 아름답지 않은가

인연의 끈이 길든 짧든
결실의 열매를 맺든 꽃잎으로 떨어지든
일생 가슴에 품은 사랑 하나 있다는 건
얼마나 위대한 연정(戀情)인가

성취의 기쁨보다
아련한 추억의 회상으로 고이고이 간직한
은밀한 바람의 세례가
가슴을 떨리울 때
이 얼마나 숭고한 믿음의 결실인가

오직 하나만을 위한
지상과 천상의 유일함만을 위한
그런 나와 그대만의
단 하나의 사랑을 가졌다는 건
그 얼마나 고귀한 삶인가

The Only One Love

In the course of our living
To love someone
Is really beautiful

Whether the string of affinity
Is long or short
Whether it bears fruit or petals fall
I have the only love in my heart
How much great it is!

Rather than the pleasure of achievement
The vague recollection that has been well kept
Makes my heart throb with the soft wind
It is the fruit of sublime faith

You and I are the one and only being
That are in pursuit of the only one love
In the earth and the heaven
The only one love of yours and mine
Is unaccountable value and wealth.

그대만의 세월
— 동반자

세상의 아름다움
모두 다 모아도
그대만 하겠는가

꽃이 아름답고 향기롭다 해도
상냥한 그대의 음성과 숨결만 하겠는가

철지난 꽃은 보고 싶다 한들
그 모습과 향을 느낄 수 없으나
내 가슴속의 그대는
시도 때도 없이 달려와
사랑의 향기 날려
내 곁에 숨 쉬고 있지 않는가

세상 무엇과도 바꿀 수 없는
그대의 모습
산과 바다와 푸르른 하늘이
어찌 그대만 하겠는가

Time and Tide of Yours

— My Companion

Beauty gathered together in the world
It is not better than you

Although flowers are beautiful and fragrant .
They are not better than
Your tender voice and breath

When I see flowers
I can't smell fragrance of
The flowers out of season
You in my heart comes to me anytime
You breathe beside me with
The fragrance of love

I cant change your being
For anything in the world
The mountain, sea and blue sky
Are not so great as your bering

그대는
내게 꿈이요, 사랑이요, 향기며
유일한 나의 사랑
영원한 동반자

You are
My dream, love, and fragrance
Also the only one love
You are my eternal companion.

아내의 얼굴

해맑은 미소 총명한 그 눈동자
사랑이 넘실대던
곱디고운 새아씨

세월이 살을 갉아 먹고
시간이 삶을 주워 먹더니만
거칠고 주름진 아내의 모습에
가슴이 메어온다

아직도
우리 가야 할 길
멀고도 먼데
허약함에 눌려 주저앉다니

잘 해야지, 잘 해야지
마음은 하늘에 닿았건만
잊고 살아온 무심한 세월들
이제와 후회한들 무슨 소용 인가마는
아내의 잠든 얼굴 바라보니
눈시울이 뜨거워 한이 서린다

Wife's Face

Bright smile and sagacious pupils
The lovely and beautiful bride

Time and tide gnaw's
And nibbles her skin
I feel oppressed in the chest
To see rough and wrinkly figure

Still there is a long way to go
She seems to sit down
Because of her infirmity

I repeated to love more her
As if the repetition reaches the sky
I forget it in the innocent time
Now what's the use of remorse
To see the sleeping face
It is regrettable with tears.

그림자 되어

필연이 인연되어
한 몸 이룬 지난 세월
처음이 끝이듯
일편단심으로 살리라

하늘이 서로를 가른다 해도
그대의 그림자 되어
옆을 지키리라

더하지도 못하지도 않는
그만한 거리에서
나 항상 그대 위한 노예로
한 생을 살리라

먼 먼 훗날
이승을 떠나 천상에서도
후회 없는 삶 이었다 소리치며
그대 곁에 그림자로 서 있으리

I wish to be Your Shadow

With the inevitable affinity
We are one
As if the beginning would be the end
We live with single heartedness of love

If the Heaven separate us in two
I will become your shadow
And protect you by side

At the more or less distance
I will always be your slave
And live with you

In the future after I leave this world
In the Heaven I stand by as your shadow
I will say that
I have lived without regrets in the earth.

그대의 향기

그대가 아름다운 건
맑고 깨끗한 눈빛과
천진스런 고운 미소와
올곧은 정신으로
한결같은 마음을 가졌다는 것입니다

그대가 위대하다는 건
정의를 위한 삶의 철학과
이웃을 향한 이해와 배려의 힘이 넘침이며
흔들림 없는 실천의 대명사란 것입니다

하여,
그대를 사랑하지 않을 수 없는 건
아침 햇살로 쏟아지는 순백한 마음과
지고지순한 논리와 사상으로
세상을 밝혀주고 있기 때문입니다

Your Fragrance

That your are beautiful
Means that you have clean eyes,
Innocent and lovely smile, righteous spirit
And a consistent attitude and heart

That you are great
Means that the philosophy of life
For justice and understanding neighbors
Overflow and unchangeable pronoun

Therefore
That I obliged to love you is
That the innocent heart of highest
Logic and thoughts that
Light up the world.

황홀한 여정(旅程)

꽃등에 실려 몽환의 청춘을 지샌다
억겁의 세월 뒤흔들어
오색 꽃잎으로 날아든
내 영혼의 하얀 미소

초록 바람에 낯을 붉혀
한 잎 두 잎 휘날리는
그대여

꽃 등불 밝혀든 거리를 따라
너를 안고 춤추며 즐기던
황홀한 여정

내일도 모레도 그리고 더 많은 날에도
꽃등으로만 서서
반겨주지 않으렴

A Fascinating Journey

Under the shadow of a flower lantern
I had spent my dreamy youth
For the millions of years had shaken
Multicolored petals that flew to
The white smile of my soul

You blushed for shame in the green wind
Fluttered one or more leaves

Along the street that was lighted by flower lanterns
I embraced you and danced with delight
It was a fascinating journey

Tomorrow, after tomorrow and in more days
I wish you stand like a flower lantern
And greet me lovely.

사랑의 진리

그리움이 많다는 건
외로움이 많다는 것이며
정과 눈물이 많다는 것 일거다

정과 눈물이 많다는 건
사랑을 위한 사랑보다
사랑을 주고 느끼며
그것을 음미하고 싶은 것 일거다

그러나 어찌하랴
그리움도 정도 눈물도 다 가졌으나
짜릿한 사랑 한 번 누리지 못하고
외로움만 질척대고 있으니

The Truth of Love

Much yearning is much solitude
It might be much sentiment and tear

Much sentiment and tear
Is not love for sake's love
But to give love and to savor of it

But what shall I do
Though I have all of yearning,
Sentiment, and tear
I have not appreciated pungent love
Only solitude is slushy for me.

행복한 마음

정성과 베품이 가슴에 와 닿고
따뜻한 마음이 욕심을 비울 때
눈이 뜨이고

믿음과 소망이 사랑으로 번질 때
가슴이 열리나니

생각에서 생각을 바꾸면
인생이 꽃피는 것

행복,
그건 오는 게 아니라
스스로가 만들어 가는 진리인 것

Happy Heart

When sincerity and devotion
Touch our heart
We remove desires
At last we awake

When our faith and wish
Spread out to neighbors
Our heats open

When we change our thoughts
The flowers of our life would bloom

Happiness
It doesn't come from some place
But we should make truth ourselves.

꽃이 아름답고 향기롭다 해도
상냥한 그대의 음성과 숨결만 하겠는가

철지난 꽃은 보고 싶다 한들
그 모습과 향을 느낄 수 없으나
내 가슴속의 그대는
시도 때도 없이 달려와
사랑의 향기 날려
내 곁에 숨 쉬고 있지 않는가

제2부

사랑의 빛 The Light of Love

숲속의 잔상

바람의 흔적이 춤을 추고
푸르른 잎들은 오케스트라에 맞춰
화음을 토해 내는데
가지 사이를 휘젓는 파랑새는
다람쥐와 함께 술래잡기에 한창이다

누군가의 호흡으로 읊조려 피워낸
산상의 시화(詩畵)
나무와 나무
숲과 숲 사이사이 마다
주렁주렁 꽃피워
지나는 이의 가슴과 눈,
그리고 영혼을 불사르고 있다

An Afterimage in the Woods

The trace of the wind dances
Green leaves vomit forth harmony
Collaborating with the orchestra
A bluebird in the woods
Plays hide and seek with squirrels

Someone recited poems and drew pictures
On a mountain
In the woods among the trees
Those clusters of flowers
Burn hearts, eyes, and souls
Of the passers-by.

하나 되는 날의 축배
— 김기원, 정윤희에게 부쳐

새벽이슬을 차고 나온 한 쌍의 원앙이여
너희들의 눈빛은 총명이도 빛나고
하이얀 목덜미는 참으로 눈부시구나

어찌 그리 어여쁘고
어찌 그리 온유한지
세상의 빛이 온통 너희들의 것이며
은총의 씨앗이 그대들의 머리에만 내리는구나
아름답거라
행복하거라

너희들은 하늘이 맺어준
천생연분, 천생 배필 이구나
부디, 별빛 같고, 달덩이 같고
부디, 동산 같고, 시냇물 같아라

사랑은 진실과 영원함을 존재케 하는 것
매사에 인내와 절재와 온유함으로
서로를 이해하고 용서로 감싸며
백합향기 그윽한 찬송과 감사로만 즐거이 살아라

사랑하는 아들아, 딸아,

사랑은 모든 것을 주고
모든 것을 감싸나니
부모님께는 언제나 순종과 효도로
형제간에는 언제나 뜨거운 우애와 화목으로서
양 가문의 아름다운 꽃들로 피어나거라

그대들의 어여쁜 모습
참으로 신비롭고, 향기롭고, 은혜롭구나
바라건데, 너희들의 두 손은 부지런하고
그 이마에는 겸손의 은총 있어라

이제 갓 태어난 한 쌍의 사슴으로
깊고 넓은 사랑의 들판 헤쳐 나가며
새 보금자리 기쁨의 열매 수확하거라

하늘이 내린 축복의 열매 탐스럽게 쌓아가며
맑고 깨끗한 지금 그 사랑 고이고이 간직하여
영원히 영원히 아름답거라
영원히 영원히 행복하여라

내 속에 있는 삶

천지가 내 것인 양
자만치 말라
순간의 비틀림이
영혼을 멈추게 하고
암흑의 시간 속에 꿈을 낚는다

정신과 마음 앞서가지만
한 치의 몸 따르지 못하니
세상사 행, 불행이 내 속에 있는 것

꿈 키워 희망 잃지 않으면
그래도 살만한 세상
그 속에
내가 있고 네가 있는
삶이리니

The Life in my Mind

Don't be conceited
As if the world would be yours
A blunder in a moment
Makes the soul stop
And dream in the time of darkness

Though mind and heart go in advance
A short body of few inches can't follow up
Happiness and unhappiness is in our mind

If we don't lose dream and hope
The world is a pleasant place
Because you and I are in that place.

길

평지에선 선으로
능선에선 발자국으로
돌고 돌아 꺾기면서 이어지는 흔적들

흔적이 아직 길이 아니었을 때
누군가의 앞선 자국으로 남아
이정표를 그렸으리

최초에 내 디딘 자국들
흔적으로 남아
길 위에 길이 되고
길 밑에 길이 되는 역사이리니

가꾸고 닦아
후세의 자랑으로 꽃 피워지리

A Way

A way is a line in a plain
It is a footprint in
The line of a mountain ridge
They are turned linked traces
Rounding after rounding

When the traces were not ways
Someone might draw milestones
With his footprints

Those first footprints
Became historic traces that are
Upper ways and lower ways
They are rearranged and polished

And they would become
Proud flowers in the future age.

밝음과 어둠의 상존

밝음이 짙으면 어둠은 흐려지고
어둠이 짙으면 밝음이 흐려지듯
빛과 그림자의 존재가 그러하고
행복과 불행의 진리가 그러하듯
성공과 실패의 이분법이 그렇고
삶과 죽음의 등식이 그런 것 처럼
존재의 가치를 어느 쪽에 세우느냐가
인간의 가치를 창조하는 것
밝음을 벗하면 빛이 되고
어둠을 벗하면 암흑이 되는 존재
삶이란 양존의 그림자를 안고 살아가는
실상과 허상의 진리

Coexistence of Brightness and Darkness

As brightness is strong so darkness looms
As darkness is strong so brightness looms
So existence of light and shadow is
Truth of happiness and unhappiness is so
Dichotomy of success and fail is so
Equality of living and death is so
Which side the value of existence is
Creates the value of human being
The side of brightness becomes light
The side of darkness becomes black
Living is the shadow of coexistence
Living is the truth of the real and false image.

사랑의 빛

사랑이란
빛으로 피어난 오묘함이 아니더냐

때로는 붉게
때로는 희게
무지개 빛으로 피었다가
금세 안개처럼 거치는
투명한 빛이 아니더냐

해맑은 별들의 속삭임으로
소리 없이 왔다가
싱그러운 향기만 남긴 채
초록빛으로 사라진
여운이 아니더냐

사랑이란
기쁨도 슬픔도
색상으로만 피어나는
그런 오묘한 빛이 아니더냐

The Light of Love

Love is the profundity
Made of light

Sometimes it's red
Sometimes it's white
It begins with the light of a rainbow
And immediately changes into fog
It is transparent light

Love comes with whisper of twinkling stars
It comes silently
It leaves fresh fragrance
And disappears in green color
It's that sort of reverberation

Love is
Such profound light
That delight and sorrow
Blooms in colors.

단발머리 소녀에게

빨간 반코트의 단발머리 소녀는
수선화 보다 더 어여쁜 하늘의 천사였다

기나긴 반세기의 여정을 돌아
문득 울렁거린 가슴에 독백이 일어
백발의 노신사 주름진 얼굴엔
꽃다운 청춘이 되살아난다

인연의 갈림길에서
가슴에 묻고 살아 온 배란
바람으로 전해온
아련한 옛 추억의 이야기들

고백과 고백 사이를 오가며
번뇌의 길을 벗어나지 못한
노 청춘(老 青春)은
작품 속의 화자로 남긴 주인공을 찾아
이 작은 시집을 보낸다

To a Bobbed-haired Girl

A bobbed-haired girl who wore a red semi-coat
She might be an angel of the Heaven
She was more beautiful than a daffodil

Around the long journey
Suddenly my heart is beating with soliloquy
The flowery youth revive
On the wrinkled face of an old gentleman

On a forked way of affinity
I have concealed ovulation in my heart
The wind tells me
The dim old stories of remembrance

Between confessions
The old youth is not free from agonies
In search of the girl who is the heroine
I send the book of poems that I have written.

선(線)과 원(圓)
— 동그라미

지평선과 수평선은 선의 존재다
선은 원이요
원은 곧 선이다

세상이 그렇고
인간의 삶이 그렇고
생각과 뜻이
행동과 철학이 그렇다

하여
우리의 시작과 끝도
선이고 원인 것처럼
맑고 투명한 원의 삶이 되었으면

A line and a Circle

The skyline and the horizon
Are the property of a line
A Line is a circle
A Circle is a line

The world is so
So life of human being is
Thinking and meaning
Behaviors and philosophy are the same

Thus
As our beginning and end
Are also a line and a circle
I wish that our living would
Be clear and transparent.

가족

피와 정으로 얼룩진
이심전심이 통하는 언어와 행동
아침과 저녁을 함께하는 존재

거기엔
내 것 네 것이 없고
내 탓 네 탓이 없는
오직 하나 일 수 밖에 없는
둥지속의 존재들

하여,
아픔과 기쁨
눈물과 환희가 항상
함께 존재하는 가치

Family

Family are the composition of blood and love
They communicate telepathically with love
They use the same language
And similar patterns of behaviors
The stay at home together
In the morning and the night

Among the family
There is no mines and yours
They don't blame for one another
They exist only one unit in a nest

Therefore
Pain, pleasure, tears and delight
They always have the same worthiness.

후회

시공(時空)의 세계엔
반복은 있되 되돌릴 수 없듯이
인생(人生) 또한 그러하니
후회인들 무슨 소용 있겠는가

처음이 끝이 되고
끝이 처음이 듯
변함없는 삶을 산다지만
지나고 난 후회를 어찌 돌릴까

초심을 위한 초심의 세계
초심으로만 살고 싶다

Repentance

It the world of time and space
Though there is repeat
It is irreversible to repeat
Such is life
What's the use of repentance.

The beginning becomes the end
The end becomes the beginning
Though we live unchangeably
What shall we do for the past repentance?

The world of my original intention
I would like to live
Keeping up my original intention.

봉선화

실바람이 낯을 간질이면
볼그스레한 수줍은 그 얼굴

손톱 발톱 물들어준
황혼녘의 핏빛 사랑

찬란했던 봄날의 짧은 추억
아쉬운 정일랑 어디에 두고
살폿한 발걸음 옮긴단 말이냐

정(情)으로 얼룩진 고운 영혼들
잊으리 없건만
어찌하여 너만이 돌아서려 하느냐

A Touch-me-not

A light breeze tickles the face
Of a touch-me-not
And its red face
Blushed with red shame

The flower manicured nails and toenails
It was red love of bloody color in the setting sun

The splendid and short reminiscence
Of the spring
Where do you place the feeling?
Do you walk softly?

You could not forget beautiful souls of affection
Why do you alone turn away?

사랑이란
빛으로 피어난 오묘함이 아니더냐

때로는 붉게
때로는 희게
무지개 빛으로 피었다가
금세 안개처럼 거치는
투명한 빛이 아니더냐

해맑은 별들의 속삭임으로
소리 없이 왔다가
싱그러운 향기만 남긴 채
초록빛으로 사라진
여운이 아니더냐

제3부

회한(悔恨)의 벽 The Wall of Compunction

회상(回想)
– 인생소고

관대함과 채찍의 양날에 서서
온건함에 무게를 둔 삶의 회한
뒤늦은 깨달음에 취해
낯이 붉어온다

세상 무엇과도 바꿀 수 없는
오직, 나만의 소중함들
배려와 희생의 진리를 깨닫지 못한
어리석은 인생들

우둔한자의 망령으로
하늘을 훔치려한 죄
뉘라서 용서와 기쁨 얻을 수 있으리

흙의 고향을 찾아 떠나는 날
하늘 저편 높은 언덕에
무지개 집을 지어
은혜로 살고 싶다

Recollection

In both sides of generosity and whipping
The remorse of moderate living
Owing to the late perception of it
I blush at my ignorance

Only my valuables that
Can't be trade anything in the world
The foolish people who are not aware of
The truth of solicitude and sacrifice

The dotage of foolish people
Whose sin that attempted to steal the Heaven
Who and how can get forgiveness and pleasure

The day when I depart from this life
In search of the home of soil
I wish to build a rainbow house
On the high hill beyond the Heaven
And I live there in a blessing.

세월의 훈장

세월의 주름 앞에
아직도 청춘의 꿈 가꾸는데
몸 따로 마음 따로 생각마저 제 각각이니
인생의 허무가 덧없이 보이네

비바람, 모진 풍파도
살어름 헤쳐 나온 초연의 청춘인데
시간과 공간을 넘지 못한 서글픔 앞에
젊음을 역행하는 시색(思考)의 시간이네

초속으로 급변하는 세월을 따르고져
온갖 힘, 갖은 노력 다 해보아도
옛만 못하니
세상의 허무가 이것인가 하네

그렇게 지낸 세월의 훈장
주름진 모공(毛孔)만 남아
백발(白髮)의 숙연함에
반짝이는 빛으로 여운만 달래네

The Order of Time

In front of the wrinkles of time
I still dream youth
But body, mind, and thinking are separate
Futility of life is transient

Rainstorm, wind and waves
Though I experienced the hard life
I think that I am still young
Before the sorrow of time and space
It's the time of thoughts that move backwards

In a society of rapid changes
I endeavored to follow up them
All is vanity in life
Life is but an empty dream

The order of time glitters
With the lingering tone
Wrinkled pores of the skin
And white hairs make me solemn.

회한(悔恨)의 벽

세월의 허무가
영육(靈肉)의 자유를 묶어 눕게 하여
어쩔 수 없는 선택의 길
요양병원에 모셨다

'여기가 어디냐
왜 내가 여기 있다 더냐
자식이 나를 여기에 버렸다'는
원망스런 노여움의 한 마디

자식의 가슴엔
통곡의 절규가 소나기로 퍼붓고
소리 없는 울부짖음은 지축을 흔든다

마지막 남은 여생(餘生)
후회 없는 효(孝)를 다짐하지만
마음 따로 행동 따로
뒤늦은 후회가 무슨 소용일까

The Wall of Compunction

The vanity of time
Binds the freedom of body and spirit
It is unavoidable that
The son admitted Mother to convalescence hospital

"Where is here?
Why am I here?
My son might forsake me"
It's her reproachable saying

In the heart of the son
Wailing pours down like shower
Soundless crying shakes the earth

Though the son dutiful
To the rest of his Mother life
The son's intention and action
Does not consist at all
What's the use of the late regret!

영원토록 사랑의 모습 함께 하고 싶지만
이제 고아가 되어버린 어리석은 자식은
하느님의 좌중에 편히 잠드시라는 기도문 뿐
소리 없는 흐느낌은
깊은 여진(餘震)으로만 떨고 있다

Though eternally Mother and son should have lived
Now the foolish son became an orphan
It's only prayer peace in rest beside God
Soundless weeping is deep aftershocks.

어머니

부르고 불러도 채워지지 않는
한(恨)의 소리,
어머니!
부르다 목이 메어
눈물이 멍든다

자식 위한 소망
피눈물 흘리며 감춰 온
한(恨)의 세월들

희생과 헌신이란 이름 앞에 존재한
거룩한 인생,
어머니!

그저 사랑한다는 말 한 마디
어머니!
어머니!

Mother

Call out, and call out again
But it is unfulfilled sound of heartburnings
Mother!
I am choked with calling out
And I lose my voice in tears

A wish for sons and daughters
Time of a grudge that was hidden
In the blood and tears with toil and moil

In the name of sacrifice and devotion
For offsprings of the noble life
Mother!
The one word all that I love you
Mother!
Mother!

어버이 생각

어버이 살아생전
마음 든든 두려울 것 없어
언제나 밝은 햇살 만석이 부럽지 않더니만

어버이 안계시니 마음도 행복도
구멍 뚫린 공허만 내 몸을 감싸며
석양빛 노을에 어둠만 드리우는데

진리를 망각한 삶이
얼마나 두려운지
골백번 후회한들 무슨 의미 있겠는가

살아생전 효의 근본
충효를 다 하세나

내 삶도 먼 훗날
그곳에 와 닿으리니
늦기 전에 깨달아 실천의 효를 베풀어
가풍(家風)으로 이어진
만세의 부(富)를 누리세나

Thinking Parents

While Parents were alive
I was not afraid anything
My heart was always bright and happy

After parents passed away
Only punched vanity wraps my body
In the twilight it becomes dark

The living that forgot truth
Would be very fearful
What is the use of hundreds of regrets

When parents are alive
Let us be filial and loyal

In the future everybody living would reach the end
Before being late we had better practice fidelity
And loyalty
As a family tradition
Let's keep the eternal wealth all together.

합창

모빌리아의 향이 울어나듯
피아노 반주와
지휘봉 끝에 매달린 화음
높고 낮은, 길고 짧은 멜로디는
천상의 화음으로 길들여져
꿈의 낭만을 이루고 있다

크고 작은 갖가지 모난 부분
닮고 달아 원형의 조각으로 이루는 소리
나를 눌러 자제하고
너를 눌러 절제하며
조화로운 균형으로
하나의 하모니를 이루는
저 장엄한 기상들
베르디의 나부코* 같다

* 나부코 : 베르디가 작곡한 오페라 중 '히브리의 노예들의 합창곡'이다.

Chorus

The fragrance of mobilia
The harmony of piano and end of baton
The high and low, long and short melody
As if it is the harmony of Heaven
It makes a dream like romance

Big or small angular parts
The sound consisted of worn-out pieces
It controls you and me
And it also makes harmony of balances
The majestic temper
It is like the chorus of the enslaved Hebrews
In the opera of Nabucco
That was composed by Giuseppe Verdi.

꽃샘추위

하늘이 뿌옇고
바람도 매섭다
어느새 세상은 온통
하얀 소복차림에
다하지 못한 한(恨)을 풀고 있다
긴긴 지난 세월의 여운들
그대로 잠재 울 수 없어
그토록 많은 초봄의 하얀 꽃을 뿌렸나 보다
혼탁한 세상의 추한 색들
눈꽃으로 태어나
하얀 밤을 지세우고
또 다른 향은 봄을 기다리며
나를 깨우고 있다

A Cold Weather in the Blooming

The sky is cloudy and wind is cold
The world wears white clothes
It resolutes the regrettable matters
The world wears white clothes
The reverberation of the long time
Can't easily sleep as it is
And so many white flowers scattered
In the early spring
Ugly colors of the turbid world
Were born as snow flowers
Send the white night
Another fragrance waits the spring
And wake me up.

어느 여인의 변

앵두 볼의 젊음이 영글 때
미소년의 얼룩진 제복에 반하여
색다른 꿈을 가꿀 시절

한밤의 음악편지에 맞춰
쓰고 지우는 갖가지 사연들
몇 번이고 우체통을 맴돌다 돌아선
그 크고 작은 떨림 있을 때

그는 밤을 낮 삼아 경계선에 목숨을 걸고
그리움의 고통과 인내로 감내하는 절박함이 있을 때
천둥번개의 지각변동으로
엇갈리는 사랑을 하였어라

먼 먼 훗날
젊음이 녹슨 어느 날 오후
세찬 빗줄기 속에 우연히 그를 만나
슬픔을 토 했단다

The Saying of a Certain Woman

When her cheeks as red as a cherry
She lost her heart to a smart boy
Who wore a motley uniform
She dreamed a unique dream

At night she wrote and corrected
A love letter listening music
She turned and turned around the mailbox
At that time her heart leaped up

She regarded nights as days
She was patient with agony of longing
She fell in love with the boy
As thunder and lightning

After long time had passed
In an afternoon when youth was rusty
She encountered the boy in the rain
She said the sorrowful past story.

산다는 것

세상 살아간다는 건
운명이며 인연이듯
주어진 생(生)의 희열이며
번민(煩悶)의 길이다

하여,
인연의 소중함을 어느 쪽에 두느냐가
인생의 승패를 이루는 것

삶이란 이승에 잠시 머물다 가는 길이라지만
사고(思考)의 관념(觀念)에 따라
하늘과 땅의 진리다

To Live

To live on the Earth
Might be fate and affinity
It is delight of living
And aldo the way of agony.

Therefore
How you think the value of affinity
Drives the success or failure of living.

Thought to live is the way of
Staying for a while on the earth
According to thoughts and conception
The difference is the truth
In the heaven and the earth.

행복

생각에서 오고
마음에서 느끼는
일곱 빛 무지개의 꿈

거기엔 언제나
희망과 꿈과 낭만이 있어
축복이 존재하는 것

누구의 도움도
누구의 노력도 필요치 않는
오직 나만의 힘
나만의 생각과 마음일 뿐

하여,
행복은 멀리 있는 것이 아니라
바로 나와 함께
내 몸에 붙어있는 영혼의 존재

Happiness

Happiness comes from thinking
It is felt in one's heart
It is a dream of the seven colors
Of a rainbow

There are always hopes
And so dreams and romanticism
There are blessings

Happiness does not need other's help and effort
Happiness is only my own strength
And only my own thinking and heart

Therefore
Happiness is not far away
But it is a sort of
The existence of one's soul.

부르고 불러도 채워지지 않는
한(恨)의 소리,
어머니!
부르다 목이 메어
눈물이 멍든다

자식 위한 소망
피눈물 흘리며 감춰 온
한(恨)의 세월들

제4부

바람이어라

노을빛

황금빛 노을에 감전된 외기러기
차마 두 눈을 뜰 수 없어
함께할 임이 그리워 슬퍼하는가

서산 넘어 기우는 태양이 아쉬워
그 빛으로 꾸며낸 장엄한 세상
타는 듯 정에 겨운 보고픈 얼굴

노을빛 지고나면
촘촘히 빛날 별들의 밤에
그리움의 여운들 한 아름 끌어안고
그대 위한 이 밤을 뜬눈으로 지세우리

The Color of the Twilight

A wild goose is electrified
I could not see it at my ease
I am sad to long for my love.

The sun is setting to the west
The earth is majestic owing to the color
I wish I could see your face ardently.

After the color of sunset
At night unaccountable srars
Twinkle in the sky
I embrace the longings
I spend the night waking up.

하피첩(霞帔帖)*

눈뜬장님 손에 있던 귀한 보물
폐품 할머니 수레에 실려 가던 날
지혜로운 자 눈에 띄어
세상 빛을 보았다네

다산 부부의 애절한 사랑
그리운 마음 보내온 노을빛 치마에 새긴
자녀 사랑 담긴 두 글자
근(勤) 검(儉)

세상의 글 애절하나
무지(無知)하면 이루고도 거둘지 모르니
이보다 더한 슬픔 어디 있을까

* 하피 ; 다산 정약용의 아호

Hapicheob*

A wise man found out a book that titled
Hapicheob in a cart of an old woman who
Collect used books and papers for recycling

The book describes pathetic love
Between husband and wife
His longing heart for his family
Was written on a skirt of twilight color
Two words for his family are 'diligence' and 'frugality'

Though the letter is sympathetic
Ignorance can't reap
The achievements.
It is sadder than any things.

* Hapicheob ; Pen name of Chung Yakyong

자화상

세상엔 빛과 어둠의 양존 속에
무수한 이율배반의 선택을 강요받으며
살아가는 가련한 인간사
그 속에 내가 있고
또 네가 있음이
얼마나 허무맹랑한 짓이며
또한 다행한 일이 아니던가

자신의 이기와 편협을 쫒는
생(生)을 위한 처절한 몸부림
정상을 향한 무한도전의 아귀다툼
잠시도 타인을 배려할 줄 모르는
숨 가쁜 쳇바퀴 인생들

한 걸음 또 한 걸음
쉬어가고 돌아갈 줄 아는
그런 꿈을 꾸지만
눈을 뜨면 또 다른 전쟁터에서
허덕이는 모습이다

생각과 현실의 괴리에서
참 사랑과 참 삶의 원리를
깨닫지 못하고 허덕이는 존재
인간의 가장 추한 모습까지도
사랑할 줄 아는
그런 사람이 되었으면

바람이어라

청춘도 화려함도
흐르는 시간 앞엔 바람이어라

세상사 잘 남과 못 남 또한
구름 같은 것

스치고 자나가면 그만인 것을
어찌 그리
아웅다웅 발버둥 치며
살라하는가

이루고 쌓인 명예와 물질
허망인 것을
내 가는 날
동행 길은 한 점 바람뿐 이리니

살아야 하는 이유

신비의 햇살이 하루를 연다
태초의 하늘이 바람인 것처럼
지상의 품인 바다의 초상은
한갓 가냘픈 옹달샘의 물방울이었을

아득한 세월의 흔적 따라
과거와 현재와 미래가 하나인 것처럼
나의 하루가 시작된 오늘도
혼미한 영원의 역사를 낳고 있다

꿈으로 이루어지는 삶의 잔상
죽음과 생존이 이어진
영원의 삶을 살아야 하는 오늘

한 치의 여유와 보람에 합당한
시간을 살아야한다
비움과 존재의 가치를 깨닫는
영혼의 삶을 살아야한다

천상의 길

삶이란
보람이고 행복이며
불행도 함께 함이니

채우려는 욕망 보다
비우고 버리려는 욕심을 더 하면
무릉도원이 내 마음인 것을

한 세상
그렇게 공존의 손을 잡고
인내와 너그러움
사랑과 용서의 베품을 쌓아갈 때

행복지수 높아져
구름처럼 바람처럼
천상의 길 열릴 거야

소망

아름다움이란
채우기 위한 갈망의 소산이며
즐거움이란
사랑하는 것의 향기를 찾는 것

그리움이란
누군가를 기다리는 마음이며
설레임이란
가슴 떨리는 사랑이다

간절함은
사로잡고 싶은 욕망의 극치이며
믿음과 신뢰는
말보다 눈빛이요
마음속을 흐르는 정감이다

바램과 배려란
욕심을 버려 사랑을 쌓는 길이며
존경과 사랑은
흔들림 없는 영혼의 종이 되는 길이다

눈물 샘
— 묵상의 길

묵상(默想)의 깊이가 와 닿는 길
거기엔 언제나
나만의 바램이 있다

바램의 끝엔
언제나 애절함이 있고
애절함 끝엔
통곡의 한이 서려있다

그 속엔
누구도 알 수 없는
오직 나만의 존재
나만의 눈물이 옹달샘 되어 솟고 있다

비애(悲哀)

열 성주 받드는 부모의 심정
자식은 알 수 없어
서로가 밀어내기 경주를 한다

마른자리 젖은 자리
손발이 닳도록
가꾸고 꽃피운 영광
허울뿐인 세월들

푸른 세월 멍들어
귀먹고 눈멀어 벙어리가 되어도
냉가슴 쓰다듬은
모성의 여운들

효(孝)의 근본 어데 가도
비바람 매서운 들녘에
외로이 서 있나

참사람의 길

어지러운 세상사
삼강오륜 되 뇌이며
안부전화 한 통 더 해보라

눈뜨고 눈감으면 뒤바뀌는 세상
잘났다고 자만 말고
못났다고 자포자기 말라

갖을수록 겸손하고
없을수록 용기 내어
부족한 듯 남는 듯
덕(德)을 쌓아 효(孝)를 행하면
존경과 평안 오리니

세상사 마음먹기 달렸으니
가볍고 여유롭게 즐기면서 꿈꾸어라
네 것이 내 것이며
내 것 또한 네 것이니
잠시 머물다가는 인생 탐하지 말라

나를 비워 채워지는 그릇
영광이요 빛이며
축복의 함성이리니

소나무

허리 굽고 발목이 비틀린 의인(義人)
비탈진 바위틈에 뿌리를 묻고
외로이 서있는 존재

산판의 경제림(經濟林)도
무더위의 그늘 막도 아닌 것이
어머니의 고향 같이 아늑한
나만의 의지의 상징으로 서 있다

어느 곳에도
누구에게도 쓸모없는 존재 이지만
그래도 삶의 가치만큼은
세상의 으뜸이다

오염으로 얼룩진 세상
매연으로 찌든 인간사에
꽃 보다 아름다운
피톤치트의 향으로
세상을 밝혀가는
너는 나를 상징하는 몸통이다

제5부

그리움이 있다는 건

세상살이

세상엔
잘난 사람 못난 사람
고운사람 미운사람
많 터이다

길지 않은 한 세상
천만년 살 것처럼
내 것 네 것 찾아가며
참으로 바쁘더이다

모든 것 다 내려놓고
마음까지 비워두니
무릉도원이 이 몸인 것을

청춘이 어제인데
오늘은 지팡이든
백발의 신사라네

정 주고 마음 주고
영혼까지 모두 주어
한 세상 그렇게 비우며 살아 가세나

멀고도 가까운 길

세상엔 헤일 수 없는 수많은 길이 있다

하늘 길, 땅길, 바닷길,
인생길, 마음 길,
그 길을 따라
가깝기도 멀기도 하면서
한 생을 살아간다

길 따라 살아가는 인생
가장 가깝고도 먼 길이
생각과 행동이 통하는
마음길이 아닌가

간사한 인생사
조석(朝夕)으로 바뀐 머리와 가슴 길이
이보다 더한 길이 아니던가

나를 비워
나를 다스리면
그 보다 더 가까운 길은 없을 터인데

씨앗 하나

화려함이 죽어 자란
그 자리에
열매로 피어난 새 생명

가슴앓이도 마다하지 않은
너의 희생
너의 정신
숙연함이 앞선다

네가 있어 존재한 세상
존재의 존재가 필연으로 이어진
사랑과 희생
생사(生死)의 원리이구나

내 어찌
깨달음이 늦어
알아보지 못한 너
씨앗 하나 튼튼히 키워
내 영혼을 깨워보련다

세월의 흔적

시간과 공간 사이엔
흔적이 남아
어제이고 오늘이며 내일이 존재한 것

세상사 크고 작은 모든 일들이
점 하나 지나면 과거이고
새로운 점 하나 찍으면 미래인 것을

집착과 여념으로 낭비치 말고
버리고 비우며 채워가는 여백이
꿈이 아니련가

오늘이 있기에 어제도 내일도 있는 것
새롭고 기쁜 마음으로
현재란 여백에 진한 채색을 남김이 어떠한 가

그리움이 있다는 건

삶의 일상에
영육의 그리움이 있다는 건
얼마나 다행인가

살아있음이 생생하여 오늘이 즐겁고
보고픔이 존재하여 내일이 그리운 날
그리움이 있다는 건
얼마나 행복한 시간인가

밝고 어둠의 순환 속에
아련한 추억의 잔존이 꽃등으로 펼쳐지는 날
생각과 생각 사이를 오가는
그리움이 있다는 건
얼마나 생동하는 삶인가

먼 훗날
그리움이 잊혀지는 날
홀연히 떠난 그 높은 곳에서
하이얀 날개 짓으로 그대를 맞으리
영원한 삶을 위한
영혼의 몸짓을 그대와 함께 하리

지팡이

삶에 찌든
영혼의 샘이 말라
육신의 골이 탈진해 버린 세상

누군가 내게 지팡이가 되어줄
듬직하고 모양새 좋은
나무 한 그루 있으면 좋겠다

세상이 그립고
친구가 그리운
동반의 역사를 함께 할
허리와 다리가 되어 줄 그런 지지대

이런 사람이었으면

꾸밈과 가식이 없는
솔직하고 담백함으로 지혜로운
그런 사람

소중함과 깨달음을
온유함과 평화로움으로
이해와 용서와 자비로
무한한 사랑을 베풀 줄 아는

불의에 항거하며
정의 앞에 고개 숙일 줄 아는
지혜와 용기를 가진
뱃심 두둑한

강자 앞에 자존을
약자 앞에 눈물이 샘솟는
연약하면서도 강철 같은 의지의
질기고 무뚝뚝한
이런 사람이었으면

빛이어라
— 정지훈 돌잔치

태초에 빛이 있는 그 자리에
한 점 핵으로 서서
함박웃음 활짝 피어 물고 태어난
나의 분신 나의 영광이여

첫돌을 맞는 네 눈빛 총명이도 빛나고
하이얀 얼굴은 참으로 눈부시구나
어찌 그리 온유하며
어찌 그리 탐스럽고 자랑스러운지
세상의 빛이 온통 너에게로만 솟는 구나

너는 오직 두 가문의 빛이고 꿈이오니
해맑은 웃음 밝은 지혜로
마음껏 뛰어 놀며
웅비의 꿈으로 세상을 꽃피워라

너의 기개(氣槪)와 총명함이
조국과 민족의 등불이며
인류 평화의 빛으로 떠오르리니
부디 영광 있으라
부디 광명 있으라

나무처럼

무심(無心)의 관능으로
무언(無言)의 표상으로 서서
무한한 세상의 온갖 바람 다 지켜보며
그렇게 그렇게 살고 싶다

홀로이 뿌리내려
외로울 것도 슬플 것도 없이
철따라 바뀌어가는 얼굴로
그렇게 그렇게 살고 싶다

뽑히고 잘리어도
운명이라 생각하고
푸르른 잎새 떨구며
속살 찌우는 즐거움으로
그렇게 그렇게 살고 싶다

제6부

삶의 이율배반

황소의 눈물

찌든 때 녹아내린 몸으로
자신 보다 분신을 위한 삶을 살아오신 정(情)
남은 생 편히 모시고자
시골이 좋아 오기 싫다던
부모님 모셔왔다

귀여운 손자손녀
애완견엔 온갖 정성
물고 뜯고 예뻐하지만
부모님 곁엔 외로움만 서성인다

황소처럼 살아오신 처절한 삶
마지막 가는 길에도 눈물이 고여 있다

머지않은 내 삶에도
외로움이 보여 쓸쓸해진 마음
이게 아닌데, 이게 아닌데
각혈을 토하면서도 씻길 수 없는 불효

물보다 진한 피의 허상(虛像)은
황소의 눈물 되어 흐느끼고만 있다

뒷모습

뽀얗고 기름진 앞모습에서
성공과 행복을 논하지만

낡고 초췌한 뒷모습
누굴 위한 삶이었을까

주름진 찌든 얼굴에 가면을 쓰고
약한 모습 감추려는 노파의 뒤안길
누굴 위한 위로일까

화려한 젊음들아
그대들 뒤에 누가 있을까
되 뇌이고 되 세기는 생각의 깊이 어디 두고
하늘을 찌르는 망덕을 베푸는가
회개하는 뒷모습에
우리들의 낙원이 거기 있음을

집을 그리워하는 노모

삶의 가파른 언덕을 의지로 넘고
자식 자랑에 입이 마르지 않던 날들
세월이 유수되어 몸도 마음도
내 것이 아니라는 모성

어느 날 넘어지고 넘어져
팔 다리 손목에 이어 골반까지 수술이라
"늙으면 죽어야지, 자식 귀찮게 않고 빨리 가야지"
입에 담고 사시던 구순(九旬)의 노모

갑자기 넘어져
뇌출혈로 응급실로 실려 갔으나
수술도 못한 채 중환실에 머물며
생사(生死)의 길목에 선 노모(老母)

가시는 날 기다리며 준비를 마쳤으나
기적에 기적이 일어나
의식이 살아나고 언어와 인지능력이 되살아나
삶의 의욕이 치솟더니

아범아, 이제는 괜찮다
집으로 가자구나

어멈도 손자들도 보고 싶다며
의지를 불태우신다

허나, 어찌하랴
한쪽 몸이 자유스럽지 못해
남의 수발을 받지 않으면 안 되는 몸
찢어지는 아픔이 가슴을 친다

그러던 어느 날
"아들이 날 여기에 버렸나 봐!"
한스러운 눈빛에 가슴이 무너지고
하늘이 내려앉는 암흑의 세계가 펼쳐진다

세상 무엇과도 바꿀 수 없는
단 하나 뿐이라던 귀하디 귀한 자식
그 토록 귀한 자식의 버림을 받았다는 노모의 한(恨)
그 속죄의 죄 값을 어떻게 갚아야 할지

하루에도 몇 번씩 집으로 모시고 싶지만
병원을 떠날 수 없는 안타까움
집 보다는 이곳의 적응이 다행이련만
그래도 그래도 저미는 가슴을 누가 알리야

삶의 이율배반

어려선 용기와 투지가 불타고
젊어선 자존심이 하늘을 찌르며
중년이 되어선 명예와 성공만을 취하더니
노년이 가까워 친구와 모임을 찾아 헤매고
늙어선 아내와 자식을 탐하니
유한한 생명에 무한함이 왠 말이냐 던 망상

마알간 창 넘어 비친 자화상이
얼마나 가식과 어리석음 이었는지

길을 걷다
문득 바람에 날린 낙엽을 주으며
언뜻 내가 나임이 무엇이었는지...

하늘 아래
나와 내가
이렇게 다른 삶을 누렸을까?

가슴이 죄어 땀방울이 맺어오는 지금
오, 나는 영원한 나이고 싶은
나의 삶을 살고 싶다

의지의 삶

바람이 세월을 낚고
시간이 인성을 뿌려
정들어 깊어간
인연의 끈들

권력도 명예도 탐욕의 소유물들
올곧은 정신 앞엔 물거품으로 사라진
무지개의 꿈

깊은 맛
떡 갈진 정(情)은
금력으로도 바꿀 수 없으니

생각과 의지
정(情)으로 깊어진 사랑의 향을
바꿀 수는 없는 것

내 모습

계절과 환경 따라 변해가는 생각들이
시간의 무게로 퇴색되듯

네 가슴에 묻혀버린
강하고 진한
내 집념의 이성(理性)들이
닳고 닳아 모호한 색감이 되고

그 위에 뿌려진
하얀 마음 역시
검게 그을려 흙 범벅이 된 자락

그렇게 스친 세월의 깊이가
뽀송뽀송한 솜사탕이 되어
감성(感性)의 탈을 쓰고 팝콘으로 튕겨져 나온다

모나고 거친 젊음의 모습들
이제 앙증스런 조약돌로 남아
한 세상 새롭게 태어난다

벚꽃 놀이

꽃등에 실려 몽환의 밤을 지센다
살랑이는 미소에도
춤추며 달려든 꽃눈 송이들
먼 먼 추억으로 다가선
연인의 모습이다

억겁의 세월 뒤흔들어
오색 꽃잎으로 날아든
내 영혼의 하얀 미소
꿈인지 생시인지 떨림으로 들어선
순백의 나그네다

꽃 등불 밝혀든 거리를 따라
너를 안고 춤추며 돌아선
황홀한 여정

간지러운 초록바람에 낯을 붉혀
한 잎 두 잎 휘날리는
그대여
내일도 모래도 또 다른 많은 날에도
꽃등으로만 서서 반겨주지 않으렴

안개꽃

꽃은 꽃이되
향기도 없는
그러면서도
장미를 더 빛나게 하는 존재

주연보다 조연에 생명을 맡겨
조연 아닌 주연의 빛을 발하는 넌
세상을 밝히는 은은한 생명체

있는 듯 없는 듯
수줍게 자리하지만
너 없인 빛을 잃은 상징들

난 언제나
네가 되고 싶은 삶의 존재다

가불인생

삶이란
평범과 비범 사이를 넘나들며
위와 아래를
좌와 우를 곁눈 짓하며
살아가는 것

하여,
긍정과 부정의 조화보다는
긍정에 힘을 실어
가불인생 삶이 어떠한가

감사와 기쁨, 행복은 가불(假拂)하고
분노와 허탈, 괴로움은 후불(後拂)하여
크고 작음을 계산할 때

먼저 가는 긍정은 배로 커가지만
늦게 가는 부정 또한 배로 작아지는 것

마음이 통할까요
— 달빛이 주는 여운

한 여름 밤
둥근 달을 보네요

너무도 크고 아름다운
현란한 빛의 흐름에
가슴이 멈춰 말문이 닫히네요

어릴 적에 보고 까마득히 잊었던
아니,
난생 처음 보는 그 모습이네요

까까머리 시절의 간절한 그리움과
묻었던 사모의 연정들을
저 달빛에 띄워
그대에게 보내려 해요

세상 어디선가
그 빛으로 전해지는 소리 없는 사연
강물위에 번져
잔잔한 가슴에 파도칠 수 있기를

▌해설▐

순수의 서정이 담긴 사랑의 심미적 성찰

— 정찬우 시인의 시세계 —

최 홍 규(문학박사, 시인, 문학평론가)
(중앙대 영문학과 교수 · 명예교수)

정찬우 시인은 「내 영혼의 하얀 미소 *The White Smile of My Soul* 1998」, 「내게 사랑 하나 있네 *There is a Love for Me* 2000」, 「꽃으로 선 당신 *You Stand Like A Flower* 2007」, 「가끔은 이런 날이 *Sometimes This Day* 2014」을 출간한 후 이 번에 「황홀한 여정(旅程) *A Fascinating Journey* 2018」을 상재하였다. 정 시인은 6~7년 마다 한 권의 시집을 출간하고 있다. 그만큼 작품에 대한 깊은 고뇌와 심사숙고의 흔적이 들어있다. 내가 그의 작품을 번역하여 믿을만한 원어민 교수들과 수정과정을 거쳤다. 내가 시인을 처음 만난 것은 20여 년 전으로 기억한다. 남의 글을 해설하고 평한다는 것은 어려운 일이다. 단순히 작품의 내용과 형식을 언어의 의미만을 가지고 해설이나 논평을 하게 될 경우엔 작가는 물론 독자들에게도 불필요한 오해를 야기

시킬 수 있기 때문이다.

어떤 글이든 그 글이 좋고 나쁨을 떠나 아무리 훌륭한 평론가라도 그 글을 쓴 작가의 마음과 심리상태를 온전히 이해하는 사람은 거의 없다. 따라서 평론가 자신의 주관적 개념으로 평을 한다는 것은 옳은 길이 아니다. 같은 글을 읽고도 여러 사람의 생각과 느낌이 다르고 받아들이는 뉘앙스 또한 다르다. 따라서 객관적인 평을 하기 위해서는 먼저 작가의 정신 즉 사상과 철학 그리고 그 인간됨의 인품을 어느 정도 알아야 올바로 평할 수 있다.

그런 맥락에서 정 시인의 시를 해설하기에 앞서 그의 시 세계와 인간성에 대하여 먼저 알아볼 필요가 있다고 생각되어 소개한다. 그는 대학시절 대학신문의 편집주간을 맡아 글을 쓰면서 조병화 시인의 추천으로 등단하였다. 그러나 그는 경영학을 전공하는 학도로서 미래의 꿈이 정부의 관료나 대학교수가 되는 꿈을 가지고 있었다. 그는 문학이 자신의 길이 아니라고 생각하여 등단이라는 것에 대하여 별 의미를 부여하지 않았다.

대학을 졸업한 후 그는 직장생활과 기업가로 바쁜 나날을 보내다가 지천명이 가까이 되어서 뒤늦게 문단에 나왔다. 그의 심성과 성격은 지극히 동양적인 사고(思考)의 틀 속에서 자랐다. 그러면서도 이성적인 논리와 합리적인 관념 속에서 불의와 타협하지 않는 강인한 성격이다.

뿐만 아니라 조국과 민족애가 투철하여 충효와 청백리 정신이 강한 사람이다. 그러나 다른 한편으로는 지나칠 정도로 정(情)

이 너무 많은 것이 허점이라면 허점일 것이다. 이러한 성격은 곧 부모님의 가정교육과 가톨릭신자로서의 가톨릭시즘(Catholicism)으로 이루어졌기 때문에 변할 수 없는 인품으로 자리매김 되어 나타난 것이다.

사업과 문학이란 거리감이 있는 길이다. 그리하여 그는 새로운 길에 접어들어 적응하기가 매우 힘들 줄 알았다. 그러나 그는 어려서부터 글 쓰는 타고난 재능을 가지고 있었기에 짧은 기간에 한국문단의 중견과 원로의 반열에 오를 수 있었다.

그는 기업가로서 무역업을 평생토록 하였다. 세계 곳곳을 누비면서 조국과 민족애에 남다른 열정을 가지고 있었기에 해외 교포들에게는 '태극기와 무궁화 묘목 및 사진 보내기 운동'과 '해외 대학 및 유명 도서관에 「문예사랑」 등을 비롯한 우리 책 보내기 운동' 그리고 '세계 한민족 도서관 건립 운동' 등을 35년이 넘도록 몸소 실행하는 문인으로서 한국문학사의 거목이기도 하다. 뿐만 아니라 그는 자신의 작품들을 전 권에 걸쳐 '한 · 영 대역시집'으로만 발행하여 전 세계 곳곳에 한국인의 문화적 정서와 인간미를 소개하고 알리는데 크게 기여하고 있는 시인이다.

나는 정 시인의 첫 시집부터 번역하여 영국과 미국대학에서 영미문학과 한국문학을 전공한 교수와 시인들에게 보내어 현지인들이 시집을 읽을 수 있는 기회를 제공하고 있다. 그러기에 수많은 외국인들이 한국문학을 이해하는데 있어 많은 도움을 주고 있을 뿐 아니라 그들로 하여금 한국문학과 문화예술을 사랑하는 동기를 부여하고 있다.

정 시인의 시는 지극히 서정성이 강한 작품들로 난해한 시가 아니라 누구나 편하게 읽고 느낄 수 있는 시들이 주를 이루고 있다. 요즈음의 현대시라고 하면 이미지성이 강하여 지극히 난해함을 강조하지만 그러한 시들은 번역이 제대로 안되어 작가가 의도한 글이 될 수 없기에 시인은 그 길을 의도적으로 피하고 있는 것이다. 시를 읽고 느끼며 그 속에서 깨달음을 갖는 것은 시인의 마음을 읽는 것이다. 따라서 한 편의 시에서 평안한 마음으로 정서적 위안과 안정을 찾고 심신의 피로를 치유 할 수 있다면 그것이 시의 힘이며 뜻 깊은 모성적 본능의 힘이 아닐까 생각한다. 따라서 우리들의 일상 속에서 시를 읽고 시를 쓴다는 것은 큰 기쁨이며 축복이 아닐 수 없음을 느낀다.

그러기에 시인들은 자신의 지적 정서적 능력, 인간적 심성과 감성을 독자들에게 어떻게 보여주느냐가 중요한 것이다. 따라서 고통과 번민의 순간순간까지도 극복할 수 있는 이성적 판단과 감성적 능력의 교차점을 인문학적 표현으로 얼마나 큰 감동을 줄 수 있느냐가 시를 쓰는 힘이고 능력일 것이다. 세상의 모든 인간들은 자신만의 사랑을 주고받기를 원한다. 그 사랑이야말로 영원불변하기를 원하기도 한다. 이처럼 사랑이란 말은 가슴을 설레게 할 뿐 더러 떨림과 울렁거림으로 극도의 긴장과 행복을 주는 의미이기도 하다. 사랑은 정 시인의 시에서 가장 중요한 모티브다.

인간에겐 사랑할 때가 가장 아름답고 인간적일 수밖에 없다.

뿐만 아니라 가장 행복한 순간이기도 하다. 하지만 현대인들에게는 자신의 마음을 쉽게 열지를 않아 사랑이 없는 시대를 살아가고 있다. 그러기에 늘 사랑에 목말라하면서도 그 해결의 실마리를 찾지 못하고 있는 것 같다.

정찬우의 시에서는 자연스럽게 현대인들의 궁금증과 사랑이라는 욕망의 갈구를 손쉽게 찾을 수 있는 해법을 제시하고 있다 하겠다. 시인의 사랑은 지극히 단순하고 간결하며 결백하다. 그것은 곧 비움의 논리와 철학이 높은 시적 변용의 경지에 이르렀기 때문이다.

어지러운 세상사
삼강오륜 되 뇌이며
안부전화 한 통 더 해보라

눈뜨고 눈감으면 뒤바뀌는 세상
잘났다고 자만 말고
못났다고 자포자기 말라

갖을수록 겸손하고
없을수록 용기 내어
부족한 듯 남는 듯
덕을 쌓아 효(孝)를 행하면
존경과 평안 오리니

세상사 마음먹기 달렸으니
가볍고 여유롭게 즐기면서 꿈꾸어라
네 것이 내 것이며
내 것 또한 네 것이니
잠시 머물다 가는 인생 탐하지 말라

나를 비워 채워지는 그릇
영광이요 빛이며
축복의 함성이리니

— 〈참사람의 길〉 전문

이 작품은 시인의 비움의 정신이 잘 나타난 있는 시이다. 1연에서 '어지러운 세상사/ 삼강오륜 되 뇌이며/ 안부전화 한 통 더 해보라'//는 현대 사회가 인륜도 저버린 아귀다툼의 세상을 간접적으로 비방하면서 자신들의 뿌리의 존재를 강조하며 조상과 부모에 대한 효심을 드러내 보고자하는 것이며, 2와 3연에서 '갖을수록 겸손하고/ 없을수록 용기 내어/ 부족한 듯 남는 듯/ 덕을 쌓아 효(孝)를 행하면/ 존경과 평안 오리니'//라는 것은 권력과 명예와 부에 대한 비판과 약자에 대한 평등성을 강조하면서 힘의 논리 보다는 효행과 덕을 쌓음으로서 행복이 온다는 평범한 진리 속에서 우리의 깨달음을 일깨워 주고 있다.

4연에서는 '세상사 마음먹기 달렸으니/ 가볍고 여유롭게 즐기면서 꿈꾸어라/네 것이 내 것이며/ 내 것 또한 네 것이니/ 잠시 머물다 가는 인생 탐하지 말라'//고 하는 것은 헛된 욕망은 한갓

무용지물이라는 의미이며, 인생의 삶에 대한 가치와 철학을 상이상적 논리로 피력해주는 시인의 인성과 감성을 감히 느낄 수 있는 대목이다.

지극히 평범하고 단순한 일상적 언어에서 나오는 한 편의 시이지만 그 의미 속의 의미를 우리는 눈여겨 가슴으로 드려다 보아야 할 것이다. 뿐만 아니라 다음에 나타난 자화상이란 시를 살펴보자.

세상엔 빛과 어둠의 양존 속에
무수한 이율배반의 선택을 강요받으며
살아가는 가련한 인간사
그 속에 내가 있고
또 네가 있음이
얼마나 허무맹랑한 짓이며
또한 다행한 일이 아니던가

자신의 이기와 편협을 쫓는
생(生)을 위한 처절한 몸부림
정상을 향한 무한도전의 아귀다툼
잠시도 타인을 배려할 줄 모르는
숨 가쁜 쳇바퀴 인생들

한 걸음 또 한 걸음
쉬어가고 돌아갈 줄 아는
그런 꿈을 꾸지만

눈을 뜨면 또 다른 전쟁터에서
허덕이는 모습이다

생각과 현실의 괴리에서
참 사랑과 참 삶의 원리를
깨닫지 못하고 허덕이는 존재
인간의 가장 추한 모습까지도
사랑할 줄 아는
그런 사람이 되었으면

— 〈자화상〉 전문

이 시는 자신이 지금껏 살아 온 세상을 뒤돌아보면서 자신을 관조하는 작품이다. 1연의 '세상엔 빛과 어둠의 양존 속에/ 무수한 이율배반의 선택을 강요받으며/ 살아가는 가련한 인간사/ 그 속에 내가 있고/ 또 네가 있음이/ 얼마나 허무맹랑한 짓이며/ 또한 다행한 일이 아니던가'//라고 하는 성공과 출세를 위한 피 나는 경쟁 속에서의 삶. 그 삶이 어쩜 잘 못된 삶 인줄 알면서도 어쩔 수 없이 살아야하는 세상이다. 그러면서 '얼마나 허무맹랑한 짓이며'이며 '또한 다행한 일이 아니던가' 라고 부정과 긍정의 이율배반을 자책하며 자신을 채찍질한 삶의 모습을 잘 그려 놓았다. 그리고 2연의 '자신의 이기와 편협을 쫒는/ 생(生)을 위한 처절한 몸부림/ 정상을 향한 무한도전의 아귀다툼/ 잠시도 타인을 배려할 줄 모르는/ 숨 가쁜 쳇바퀴 인생들'//이라고 하는 자신을 비롯한 뭇 인간들의 처절한 삶이 참으로 가련하기

그지없다 하겠다.

그리고 3과 4연에서의 '한 걸음 또 한 걸음/ 쉬어가고 돌아갈 줄 아는/ 그런 꿈을 꾸지만/ 눈을 뜨면 또 다른 전쟁터에서/ 허덕이는 모습이다// 생각과 현실의 괴리에서/ 참 사랑과 참 삶의 원리를/ 깨닫지 못하고 허덕이는 존재/ 인간의 가장 추한 모습까지도/ 사랑할 줄 아는/ 그런 사람이 되었으면'//하고 세상을 살아가는 자신의 모습이 생각과 현실과 괴리 속에서 진정한 삶을 살아가고자하나 그러지 못한 것 까지도 사랑해 주기를 바라는 그러한 존재가 되고 싶다는 몸부림이 가슴을 뒤 흔들게 한다.

또한 시 "바람이어라"의 3과 4연의 '스치고 지나가면 그만인 것을/ 어찌 그리/ 아옹다옹 발버둥 치며/ 살라하는가// 이루고 쌓인 명예와 물질/ 허망인 것을/ 내 가는 날/ 동행 길은 한 점 바람뿐 이리니'/라든지 "천상의 길"의 2연의 '채우려는 욕망 보다/ 비우고 버리려는 욕심을 더 하면/ 무릉도원이 내 마음인 것을'//이라 든지 "세상살이"의 3연의 '모든 것 다 내려놓고/ 마음까지 비워두니/ 무릉도원이 이 몸인 것을'//이라든지 와 함께 그의 시 "회상", "살아야 하는 이유", "소망", "멀고도 가까운 길", "씨앗 하나", "세월의 흔적", "행복한 마음" 등 에서처럼 시인 자신의 삶이 결벽증에 걸린 듯 명예도 부도 모두가 허망이라며 마음도 몸도 다 비우고 초연하게 살아가는 시인의 모습을 우리는 늘 보아왔다. 그러기에 시인의 모습을 볼 때 마다 노자(老子)의

무위의 원리를 따르게 하는 「도덕경」을 보는 듯하며, 더 나아가 창조주 하느님과 불교의 석가모니의 섭리를 터득하려고 깊이 성찰하는 자세를 보여 준다.

그런가 하면 인간과 인간 사이의 지극한 사랑을 노래하는 시가 많음은 그의 따뜻한 인성으로 베품과 비움의 원리와 진리를 몸소 실천하고 살아온 흔적들이 무수히 나타난다 하겠다.

꽃등에 실려 몽환의 청춘을 지샌다
억겁의 세월 뒤흔들어
오색 꽃잎으로 날아든
내 영혼의 하얀 미소

초록 바람에 낯을 붉혀
한 잎 두 잎 휘날리는
그대여

꽃 등불 밝혀든 거리를 따라
너를 안고 춤추며 즐기던
황홀한 여정

내일도 모레도 그리고 더 많은 날에도
꽃등으로만 서서
반겨주지 않으렴

— 〈황홀한 여정(旅程)〉 전문

초봄의 벚꽃 놀이에 취한 인생들의 환희를 그린 작품이다.

1연의 '꽃등에 실려 몽환의 청춘을 지샌다/ 억겁의 세월 뒤흔들어/ 오색 꽃잎으로 날아든/ 내 영혼의 하얀 미소'//란 화들짝 피어오른 벚꽃의 향기처럼 젊은 날의 희망과 용기로 미래만을 위한 삶을 설계하는 힘찬 모습에서 시인의 과거사를 짐작케하는 부분이다. 거기에 곁들어 2연의 '초록 바람에 낯을 붉혀/ 한 잎 두 잎 휘날리는/ 그대여'//란 젊은 날의 첫사랑과 청춘을 동시에 어우르는 표현이라 하겠다. 또한 3연의 '꽃 등불 밝혀든 거리를 따라/ 너를 안고 춤추며 즐기던/ 황홀한 여정//에서 인생의 희로애락의 무한한 여정을 지나 활짝 꽃피워지는 성공한 시인의 모습을 그려 본다.

그 무한하고도 화려한 굴곡진 인생길에서의 황홀한 여정이야말로 얼마나 값지고 보람찬 여정이 아니겠는가. 우리는 흔히들 그 '시작은 초라하지만 그 끝은 창대하리라' 라고 부르짖었던 선인들의 명언을 떠오르게 한다.

따라서 이 작품은 단순한 꽃등으로 밝혀진 봄을 노래하는 것이라기보다는 한 인생의 굴곡진 애환으로 이루진 희망찬 미래를 설계하고 성공을 안겨준 시라 하겠다.

세상의 아름다움
모두 다 모아도
그대만 하겠는가

꽃이 아름답고 향기롭다 해도
상냥한 그대의 음성과 숨결만 하겠는가

철지난 꽃은 보고 싶다 한들
그 모습과 향을 느낄 수 없으나
내 가슴속의 그대는
시도 때도 없이 달려와
사랑의 향기 날려
내 곁에 숨 쉬고 있지 않는가

세상 무엇과도 바꿀 수 없는
그대의 모습
산과 바다와 푸르른 하늘이
어찌 그대만 하겠는가

그대는
내게 꿈이요, 사랑이요, 향기며
유일한 나의 사랑
영원한 동반자

— 〈그대만의 세월〉 전문

시인의 그대인 생의 동반자가 누구인지 감히 짐작이 간다. 필자는 시인의 출판기념식 때나 조경사 때에 이 시의 화자인 그의 부인을 여러 차례 보아왔다. 지고지순한 전형적인 한국의 여인상이다. 어쩜 말과 행동의 기품이 신사임당을 닮은 듯 온화하며 아늑한 여인이다. 그러기에 시인이 평생토록 조국과 민족을 위해 해 왔던 수많은 일들에 앞장서 도왔다는 사실만으로도 사랑과 존경의 대상일 수밖에 없다. 이러한 화자를 사랑하지 않을 사람이 있을 수 있겠는가 말이다.

시인의 사랑은 참으로 아름답다. 그리고 존경스럽다. 이 시의 1연에서 '세상의 아름다움/ 모두 다 모아도/ 그대만 하겠는가'// 라는 표현에서 처럼 이 세상에 아름다운 것이 한두 가지 이겠는가 수 천 수 만 가지의 아름다움을 모두 다 끌어 모아도 그대의 내면의 아름다움 만 못하다는 이 한 마디가 뭇 여인들의 가슴을 뒤 흔들 것이다. 더 나아가 4연의 '세상 무엇과도 바꿀 수 없는/ 그대의 모습/ 산과 바다와 푸르른 하늘이/ 어찌 그대만 하겠는가'//라며 우주 삼라만상의 그 어떤 것을 모아도 그대만 못하다는 그 강인한 어법 그것이 곧 4연에서 나타난 '그대는/ 내게 꿈이요, 사랑이요, 향기며/ 유일한 나의 사랑/ 영원한 동반자'//인 일생을 함께하는 부인인 것이다.

필연이 인연되어
한 몸 이룬 지난 세월
처음이 끝이듯
일편단심으로 살리라

하늘이 서로를 가른다 해도
그대의 그림자 되어

옆을 지키리라

더하지도 못하지도 않는
그만한 거리에서
나 항상 그대 위한 노예로
한 생을 살리라

먼 먼 훗날
이승을 떠나 천상에서도
후회 없는 삶 이었다 소리치며
그대 곁에 그림자로 서 있으리

— 〈그림자 되어〉 전문

이 시 역시 지고지순한 사랑의 고백서이다. 인간의 삶에서 우연이란 존재는 어쩌면 필연을 위한 과정일 것이다. 그 필연으로 만나 한 몸을 이룬 존재라면 세상 끝을 지나 천상에서도 함께하는 사랑이어야 진정한 사랑이 아니겠는가 싶다. 분명 정 시인은 남성이다. 그럼에도 불구하고 여성스러운 정결함과 순수함, 맑고 깨끗한 그 언어의 구사 능력이 하늘이 그에게만 내려준 특별한 선물임이 분명한 것 같다.

이 시의 하이라이트가 1연의 '처음이 끝이듯/ 일편단심으로 살리라'//와 2연의 '그대의 그림자 되어/ 옆을 지키리라'//로 승화 되었다가 3연의 '더하지도 못하지도 않는/ 그만한 거리에서/ 나 항상 그대 위한 노예로/ 한 생을 살리라'//라고 했듯이 가깝지도 멀지도 않는다는 것은 영원히 변치 않겠다는 상이상적 은유(隱喩)의 표현은 시인의 곧은 의지이며 강인하고도 영원불멸한 자신만의 약속이 참으로 감동적이다.

인생이란 누구나 이처럼 한결 같은 진실 된 사랑만의 삶을 원하지만 감정의 동물이기에 알면서도 이룰 수 없는 게 또한 인생이다. 그러나 영원한 지상의 꽃으로 살아 온 시인만이 누리고 행할 수 있었다는 것이 참으로 부럽고 경이롭다.

한편 이와 비슷한 작품인 "그대의 향기"에서 1연의 '그대가 아름다운 건/ 맑고 깨끗한 눈빛과/ 천진스런 고운 미소와/ 올곧은 정신으로/ 한결같은 마음을 가졌다는 것입니다'//와 2연의 '그대가 위대하다는 건/ 정의를 위한 삶의 철학과/ 이웃을 향한 이해와 배려의 힘이 넘침이며/ 흔들림 없는 실천의 대명사란 것입니다'//라고 한 부분과 함께 작품 "단 하나만의 사랑"에서 1연의 '누군가를 연모(戀慕)한다는 건/ 참으로 아름답지 않는가'//와 2연의 '일생 가슴에 품은 사랑 하나 있다는 건/ 얼마나 위대한 연정(戀情)인가'//라고 하는 승화된 사랑이 4연에서와 같이 '오직 하나만을 위한/ 지상과 천상의 유일함만을 위한/ 그런 나와 그대만의/ 단 하나의 사랑을 가졌다는 건/ 그 얼마나 고귀한 삶인가'//라고 귀결하는 대목에서 가슴이 메어 말문이 막힌다.

인생 태어나 이처럼 아름답고 순결한 사랑을 단 한 번 만이라 해본 사람이 몇이나 될까?

이처럼 아름답고 간결한 표현은 시인만이 나타낼 수 있는 유일무이한 방법이다. 그래서 아리스토텔레스는 '시(詩)는 율어에 의한 모방이다'라고 했으며, 워즈워드는 '시(詩)는 강한 감정의 자연적 발로이다'라고 극찬하였다.

사랑,
너를 만나는 날은
노을빛으로 타오른 가슴
심연의 강에 반짝이는 햇볕이여

사랑,
혼자가 아닌
둘이서 만이 이룰 수 있는
빛과 그림자의 존재여

사랑은,
남 몰래 흐르는 울림
설레임이고 떨림이며
고독과 황홀의 공존함이여
사랑은,
밝고 어둠처럼
꽃피고 지는 자연의 섭리 따라
인연으로만 존재한 영혼이여

— 〈사랑〉 전문

세상에서 가장 아름다운 언어는 사랑과 어머니란 단어다. 아무리 많이 들어도 싫지 않는 아름답고 존경스런 어휘다. 그 만큼 사랑이란 신비스럽고 황홀한 존재이며 영원토록 갖고 싶은 것이다. 그러기에 사랑에 목숨을 거는 것이며 그것을 쟁취하기 위한 인간들의 부단한 노력과 비위를 우리는 숱하게 보아왔다. 이 사랑의 이면에는 권력의 암투도 있는 것이며 명예와 부(富)를 위한 치열한 삶의 투쟁도 있는 것이다.

그러나 시인이 보는 사랑은 순결과 온화함이며 고독과 황홀의 공존 속에서 꽃 피우고 지는 자연의 섭리를 이해하고 안으려는 참 진리를 깨닫게 한다. 하물며 사랑은 혼자가 아닌 둘이서만 하는 것 같지만 시인의 사랑은 한 차원 다른 종교적 진리에 입각한 오묘한 사랑을 갖는 시가 많다. 그만큼 시인이 보고 느끼는 사랑은 크고 넓고 원대하며 무한한 존재로 부각되는 원심의 진리를 갖고 있다. 따라서 시인의 마음은 무한한 우주를 가슴에 품고 사는 존재로만 보인다.

그것은 작품 "사랑의 빛"과 "사랑이란" 시에서 잘 나타난다.

"사랑의 빛"에서 '사랑이란/ 빛으로 피어난 오묘함이 아니더냐// 때로는 붉게/ 때로는 희게/ 무지개 빛으로 피었다가/ 금세 안개처럼 거치는/ 투명한 빛이 아니더냐// 해맑은 별들의 속삭임으로/ 소리 없이 왔다가/ 싱그러운 향기만 남긴 채/ 초록빛으로 사라진/ 여운이 아니더냐// 사랑이란/ 기쁨도 슬픔도/ 색상으로만 피어나는/ 그런 오묘한 빛이 아니더냐'/라고 하드니 또 다른 작품 "사랑이란"에서는 '사랑이란/ 오묘함의 절규가 아니더냐// 오색찬란한 무지갯빛 아름다움인지/ 라일락 향으로 번지는 꿈의 동산인지/ 무색무미의 심연의 약수인지/ 알 수 없으나//

별들의 속삭임으로 다가와/ 무언(無言)의 설레임만 남긴 채 돌아선/ 가슴앓이가 아니던가// 기쁨도 슬픔도/ 색깔과 의미는 다르지만/ 사랑은/ 아름다움의 오묘한/ 영혼의 절규가 아니더냐// 라고 한 사랑의 오묘한 심미성을 형이상적으로나 때로는 형이하적으로 이처럼 아름답고 절묘하게 나타내는 시인을 찾아보기 쉽지 않다.

세월의 허무가
영육(靈肉)의 자유를 묶고 눕게 하여
어쩔 수 없는 선택의 길
요양병원에 모셨다

'여기가 어디야
왜 내가 여기 있다 더냐
자식이 나를 여기에 버렸다'는
원망스런 노여움의 한 마디

자식의 가슴엔
통곡의 정규가 소나기로 퍼붓고
소리 없는 울부짖음은 지축을 흔든다

마지막 남은 여생(餘生)
후회 없는 효(孝)를 다짐하지만
마음 따로 행동 따로
뒤늦은 후회가 무슨 소용일까

영원토록 사랑의 모습 함께 하고 싶지만
이제 고아가 되어버린 어리석은 자식은
하느님의 좌중에 편히 잠드시라는 기도문 뿐
소리 없는 흐느낌은
깊은 여진(餘震)으로만 떨고 있다

— 〈회한(悔恨)의 벽〉 전문

시인은 요즈음 보기 드문 효(孝)의 표상이다. 유교문화의 꽃으로 피어난 양가 부모님들의 효심(孝心)과 청백리 정신을 대물림 받은 이 시대의 특이한 존재이다. 어릴 적부터 효자란 칭호를 이마에 달고 다녔다고 한다. 그만큼 조상과 부모에게 향한 효심이 극진하였던 것이다. 이러한 투철한 가정교육과 소년시절 천주교 학교를 다니면서 받은 종교적인 사랑과 봉사의 교육을 받은 영향으로 사랑과 효의 본성을 이룬 삶을 살고 있는 시인이다.

이는 시인뿐만 아니라 그의 형제자매 모두가 한결같은 사랑과 봉사의 효를 실천한 삶을 살고 있다. 평생 동안 부모님께 바쳐온 효행이었으나 구순의 노부모님을 끝까지 건강하게 잘 모시지 못 했다는 안타까운 절규가 가슴 아프다. 노모(老母)가 뇌출혈로 쓰러져 5년 남짓 요양병원에 모셔두고 새벽부터 자정까지 단 하루도 거르지 않는 보살핌을 하여왔다. 뿐만 아니라 결혼 후 장모님까지도 극진히 모셔온 자랑스러운 인물이다. 이러한 소문이 꼬리를 물고 세상에 알려지면서 정부로부터 '효행상'을 수상하기도 하였다.

어버이 살아생전
마음 든든 두려울 것 없어
언제나 밝은 햇살 만석이 부럽지 않더니만

어버이 안계시니 마음도 행복도
구멍 뚫린 공허만 내 몸을 감싸며
석양빛 노을에 어둠만 드리우는데

진리를 망각한 삶이
얼마나 두려운지
골백번 후회한들 무슨 의미 있겠는가

살아생전 효의 근본
충효를 다 하세나

내 삶도 먼 훗날
그곳에 와 닿으리니
늦기 전에 깨달아 실천의 효를 베풀어
가풍(家風)으로 이어진
만세의 부(富)를 누리세나

— 〈어버이 생각〉 전문

이 시대의 젊은이들에게 주는 효심의 메시지가 강하게 풍겨옴이 자랑스럽다. 오늘날 우리 기성세대들은 자식교육에 온갖 노력을 다 하였으나 인간의 본능인 효(孝)와 덕(德)과 정의감(正

義感)의 교육에는 크게 미흡하다고 본다. 오직 공부의 목적이 지식과 교양과 도덕에 의한 인적 교육이 아니라 맹목적인 출세에 의한 명예와 권력과 부(富)만을 강조하는 교육에 매진한 나머지 효는 물론 사랑과 봉사의 정신이 무엇이며 애국과 애족의 의미를 소홀히 하는 세상이 되었다.

한편 작품 "어머니"에서도 '부르고 불러도 채워지지 않는/ 한(恨)의 소리/ 어머니!/ 부르다 목이 메어/ 눈물이 멍든다// 자식 위한 소망/ 피눈물 흘리며 감춰 온/ 한(恨)의 세월들// 희생과 헌신이란 이름 앞에 존재한/ 거룩한 인생,/ 어머니!// 그저 사랑한다는 말 한 마디/ 어머니!/ 어머니!'//라고 하는 시인의 절규를 어떻게 위로할 수 있으랴.

이외에도 훌륭한 작품들이 수 없이 많으나 지면 관계로 다른 시집에서 또 한 번 다루고자 아쉬움을 남긴다.

나는 20여 년 동안 정찬우 시인의 인간됨과 작품에서 많은 교훈과 깨달음을 느끼고 받아 왔다. 그러함에도 불구하고 이번의 작품을 해설하는 과정에서 또 한 번의 놀라움과 경이로움에 극찬하지 않을 수 없다. 그는 이 시대의 한국이 낳은 뛰어난 인성과 재능을 가진 시인이다.

정 시인이 계속하여 더 좋은 시를 더 많이 써서 한국문단에 우뚝한 랜드마크를 세우고 동시에 한국문학의 세계화를 위한 퍼스팩티브를 더 멀리 넓힐 것을 당부한다. 나는 동료와 후배 시인들의 시집 20여권의 해설을 썼지만 어느 때 보다도 이 글을 공들여 썼다. 이 해설이 시인 자신의 자기 시를 리뷰하고 앞으로 글 쓰는데 좋은 내비게이터가 되기를 바란다. 아울러 가족과 국내외의 많은 독자들이 이 시집을 읽는데 도움이 되어 시인과 시를 더 깊이 이해하고 더 높이 평가하는 재발견의 계기가 되었으면 좋겠다. 끝으로 나의 오랜 문우 의석 정찬우(義石 鄭燦宇) 시인의 건강과 문운을 기원한다.

(October 2018)

Mr. Chan-Woo Chung and His Poetry

The Soothing Thoughts of the Philosophic Mind

written by Hongkyu Choe, Ph.D.
Poet, Literary Critic

In his poetry Poet, Chung proposes that any understanding of poetic experience is intrinsically bound to an analysis of emotion and lyricism. Human consciousness is not satisfied with experience in itself, it is our reflection on our experience that allows us to consider ourselves legitimated, that makes us recognize an emotion as authentic. Unless we manage to accomplish this reflection, we feel we have been cheated and, in a radical sense, may even begin to question the reality of what we have experienced.

There is a complex equating here of not only poetry and thoght, but emotion as the texture of thought. We can begin to think of the reflection inherent in poetic language as a kind of discursive thinking, at its most basic a mind making connections, linkages, even patterns. There is an important transformative element to poetic language in his poetry. It isn't merely the selection of material or experience, but the act of its inscription and its subsequent mobility which interests Chung. The point is not to display imagination but to mobilize imaginations. This problem of how indeed a poem simultaneously enacts thought's mobility. The reader has generated a considered and animated debate in poetics.

Possibly a certain self-reflexive anxiety about the purpose of poetry is unavoidable in any contemporary work. But the idealistic reader needs to believe that poetry's aim is to mobilize imaginations, to provide those uncertain yet delicious imaginative possibilities. A critique of cultural commodification is evident here, and needs no highlighting. Chung suggests that for all the posturing about sources and roots what is created is an inauthentic, strategic, if not highly derivative art form. He raises a challenge to poetry which merely ventriloquises past epithets. In this volume we find Chung also tackling the formidable figure of contemporary Korean poems.

Chung's poetry achieves an attractive lyrical once it establishes a reflective distance from its subject matter. Indeed it would be tempting to assert that his writing of poetry from a halting self-consciousness. His work craves mobility and movement and certainly the poetry is strongest when the impulse towards social critique is given an expansive canvas, allowing the reader to make the necessary linkages implicit in the text. Poems dispenses momentarily Chung's anxiety over literary precursors and poetical legitimation which often threatens to immobilize his writing into a stalemate of irresolvable propositions. The tone of his poems is definitely acerbic, but one also senses a sort of spiritual or cultural exhausting pervading the work.

Chung has shown that he is a poet fully capable of his ambition. Yet a certain reflexive anxiety displaces the speaker of his latest work to a position of self-advocated spectatorship. Problematically the empathy and responsibility implicit in his early work have been replaced poetics of dispassionate observation.

Responsive observation, complemented by an exploratory imagination, is at the heart of Chung's best poems of love. Throughout, the book displays all ths signs we've come to expect from Chung as an accomplished poet. And the more we read the more strongly we feel ourselves in the presence of Chung himself. Particularly the poems of love are swift, beautifully sounded, peppered with good words.

Chung felt, I think, that he was too close to his own poetic diction. Its sticky intimacy was a deterrent. What is especially interesting in his work is the effects of metaphor and atmosphere and not specifically out of the associative power of language. You might call this uniquely ingenious solution to the good poems. Sometimes, through one of extrilism's paradoxes, the poet might very well desire nothing more than to adopt the pure poetic language, may simply not be able to. Chung's poems not only succeeds in warding off the enormous condescension of posterity, it points the way for other uniquely valuable poems. These aren't necessarily about contemporaries.

Poet, Chung can be rich as virtuoso and as illuminating. But I feel the need to warn of a poetry that comes too easily and may leave us with a slight impression that easily fades. Religious viewpoints to conduct intellectually and emotionally complex, that is at bottom of the poet's making with himself. Here, the poet earns his keeping more adequately than other does elsewhere. This, rather than the sometime obscurity of which he has been accused, seems to me a slight problem in coming to anything like a true estimate of his poetry.

Chung whose invaluable poems are clearly the product of unswerving commitment to the cause, doesn't best serve it by his writing work which rather takes for granted the poet's achievement. On the other hand, those various poets and critics who a few years ago were summonsed to identify the achievement of twenty first century poetry. I recommend that a lot of readers should set themselves to read this handsomely produced collected poems. I advocate that Chung's poems are really the soothing thoughts of the philosophic mind. Finally I am sure that Mr. Chung Chan-Woo is one of the leading poets in the Republic of Korea at the present day.

시인 약력 : 정찬우(鄭燦宇)

- 학력

경희대학교 경영대학 경영학과 졸업
서울대학교 경영대학원 졸업
중앙대학교 국제경영대학원 졸업

- 경력

현우트레이딩(주) 대표이사
도서출판 밀레 대표이사
(사)한국수입협회 이사역임
(사)한국수입협회 문화예술위원장 역임
(사)한국수입협회 부회장 역임
(사)한국수입협회 자문단의장
밀레니엄문학회 회장
(사)세계한민족 책사랑 무궁화협회 이사장
살레시안 연합회 부회장
한국민족문학회 부회장
(사)한국문인협회 저작권옹호위원
월간문학 편집위원
(사)한국문인협회 이사 역임
(사)한국문인협회 감사
(사)한국현대시인협회 중앙위원
(사)한국현대시인협회 이사, 기획위원
(사)국제펜클럽한국본부 이사, 감사 역임
(사)국제펜클럽한국본부 자문위원
KOIKA CEO 합창단 단장
(사)서울오라토리오 합창단 단원
(사)난파합창단 단원
경희동문합창단 단원

- 수상

부원문학상, 한국민족문학상, 탐미문학상, 문학21문학상
에피포도문학상(미국)

• 저서
「다국적 기업의 다국적 마케팅 전력」
「한국의 플렌트 수출 전략」

• 논문
「한국기업의 중국투자 진출에 관한 연구」
「한국의 중남미 전출 전략」 등 다수

• 시집(한 · 영 대역시집)
「내 영혼의 하얀 미소」
「내게 사랑 하나 있네」
「꽃으로 선 당신」
「가끔은 이런 날이」
「황홀한 여정」

About the Author : Chan Woo Chung, Poet

- Education ;
  - BA ; College Business Administration, Kyunghee University, Seoul
  - MBA ; Graduate School of Business Administration
    Seoul National University
  - MBA ; Graduate School of International Management
    Chung Ang University, Seoul

- Experiences ;
  - President of Hyun Woo Trading Co., Ltd.
  - President of the Mille Publishing Company
  - Censor, former Trustee of Korea Importers Association(KOIMA)
  - Director of the Culture and Arts Committee of Korea Importers Association(KOIMA)
  - Former Vice President of Korea Importers Association(KOIMA)
  - Chairman of Consultant Committee of Korea Importers Association(KOIMA)
  - Chairman of the Society of Millennium Literature in Korea
  - Chairman of the Association of Book love and Hibiscus Syracuse of Korea People in the World
  - Vice President of the Federation of the Korean Salesians
  - Vice President of the Association of Korea National Literature
  - Member of the Copyright Protection Committee of the Korea Writer's Association
  - Trustee former of Korea Writers Association
  - Censor of Korea Writers Association
  - Central Committee of the Association of Modern Poets in Korea
  - Trustee, Committee of Planning Association of Modern Poets in Korea
  - Former Trustee and Censor of International PEN Korea Headquarters
  - Consultant member of International PEN Korea Headquarters
  - Director of KOIMA CEO Chorus

- Members of the Seoul Oratorio Chorus
- Members of Nanpa Chorus
- Members of Chorus KyungHee University Alumni

• Literary Prizes ;
  - The Boowon Literature Prize
  - The Korea National Literature Prize
  - Tahmee Literary Prize
  - Literature 21 Prize
  - Epipodo Literary(U.S.A.)

• Books ;
  - Marketing Strategies of Multinations Enterprises
  - The Strategies of Export of Korea, and Others

• Articles ;
  - A Study of Investment in China
  - A Study of Investment in Middle and South Americas

• Korean-English Collection of Poems ;
  - *The Write Smile of my Soul*
  - *There is a Love Me*
  - *You Stand Like A Flower*
  - *Sometimes This Day*
  - *A Fascinating Journey*

▌번역자 약력 : 최홍규(催鴻圭)

영문학 박사, 문학 석사, 문학사, 디프로마

시인, 수필가, 문학평론가, 번역가 영어, 불어, 독어에 능통함

- 학력

  중앙대학교 인문대학 교수, 명예교수
  미국 하버드대학, 예일대학 풀브라이트 교환 교수
  영국 케임브리지대학, 런던대학(UCL) 객원교수
  프랑스 파리대학(소르본대) 연구교수
  독일 뮌헨대학 초청교수

- 경력

  한국문학과 종교학회장 한국번역문학회장
  한국농민문학회장, 한국문인협회 문인복지위원
  한국문인협회 해외문학 발전위원
  국제 PEN 한국본부 이사
  국제교류위원 한국시인협회 상임, 중앙위원

- 수상

  에피포도 영시 문학상, PEN 번역 문학상
  헤밍웨이 문학상, 황조근정 훈장

- 저서 : 번역

  톰 존스의 모험 ; 헨리필딩
  허영의 시장 ; 윌리엄 메이크피스 쌔커리 윌리엄 워즈 워스의 명시선
  로버트 브라우닝의 명시선
  정찬우 시집 ;「내 얼굴의 하얀미소」외 4권

About the translator : HONGKYU A. CHOE

PhD, MA, BA, Dip, Certif

- Poot Essayist, Literary Critic, Translator
- Being proficient in English, French, and German
- Professor, Professor emeritus; Chung-Ang University, Seoul Korea

• Fullbright Exchange Professor ;
  - Yale University, Harvard University, USA Visiting Professor
  - University of Cambridge, University of London (UCL), UK Research Professor Invited Professor
  - University of Paris (Sorbonne), France
  - Munchen University, German

• President ;
  - The Korea Society for Literature and Religion
  - The Association of Translation Literature of Korea
  - Promotion Member of the Overseas Korea Literature of the Korea Writers Association
  - The Nongmin Literature Society of Korea
  - Committee of Welfare the Korea Writers Association ;
  - International PEN Korea Center ;
  - The Korea Poet's Association ; Standing Committee Member
  - "Epi-podo Award (English Poems, USA)
  - PEN Translation Award (Korea Center)
  - Hemingway Literary Award (Korea)
  - The Order of National Public Service Merit
  - Whangio Geunjeong Hunjang of the Republic of Korea

• Translator ;
  - Tom Jones by Henry Fielding
  - Vanity Fair by William Makepeace Thackeray
  - Selected poems by William Wordswoth
  - A Fascinating Journey by Chan-Woo Chung and fifteen book

황홀한 여정

A Fascinating Journey

지 은 이 | 정찬우
펴 낸 이 | 정찬우
펴 낸 곳 | 도서출판 밀레
주　　소 | 서울 서초구 효령로 53길 18, 210호
(서초동 석탑오피스텔)
TEL : (02)588-4671~2
FAX : (02)588-4673

등　　록 | 2004년 12월 15일 제2-4078호
발 행 일 | 2018년 11월 24일
제 판 일 | 2019년 3월 24일

값 13,000원
ISBN 978-89-97815-23-4